영원

김수빈　　이예희　　이야명　　서미태　　황예빈　　손민지
연지　　무아　　박예지　　이지선　　손혜원　　수현
시쓰는공대생　　인우　　자는곳　　라은아　　김라면　　김민주
임지안　　백유주　　이다빈　　조주안　　동틀　　구민지
해담　　김범석　　안소연　　최예지　　송유　　지호랑
박하리　　시루　　김서랍　　장우찬　　김유비　　월하
로늬　　박지윤　　조민주　　sick_write　　이수아　　수빈
정호준　　김민정　　김서희　　장유진　　정성주　　이현아
문지혜　　솔숲　　쥬　　유주　　최경석　　김근호　　-

마모되지 않는 영원
매몰되지 않을 마음

2021년 3월

I

갈매기 김수빈 — 13

그림 이예희 — 14

생각 서미태 — 15

사라지지 않는 것 이야명 — 16

손바닥만한 파도를 손에 쥐고 황예빈 — 18

액자-영원의 끝 손민지 — 20

영원 속의 그대 연지 — 22

영원 무아 — 24

영원의 끝을 믿어 박예지 — 26

인생의 영속성 손혜원 — 27

우발적 영원 이지선 — 28

잔몽 수현 — 30

조화 시쓰는공대생 — 31

오늘의 영원 인우 — 32

책임전가 자는곳 — 33

파란 라은아 — 34

그 속 어느 하나처럼 김라면 — 36

나방 김민주 38
단어에게 위로사 이다빈 39
길고도 영원한 임지안 40
눈동자 백유주 42

II

별 조주안 47
봄의 소리 동틀 48
애착인형 백호 구민지 50
어제로부터 해담 52
엷어져 메아리치네 김범석 54
영덕바다 안소연 55
영원 안에서 최예지 56
영원을 믿지 않아도 바라는 것 지호랑 57
영원 참 어렵다 송유 58
영원한 움직임 속 고요 박하리 60
우리의 이야기 시루 62
초 김서랍 63

이진법의 세계 장우찬	64
차가운 화초 김유비	66
퍼즐 월하	67
미술관에서 로늬	68
애인에게 조민주	69
세계 박지윤	70
기록 sick_write	72
달 이수아	73
어머니의 얼굴 수빈	74
어느 꽃 정호준	75
영원에서 0원으로 김민정	78
역시나 너를 사랑해 김서희	79
영원의 초대 장유진	82
이터널 산타걸 솔숲	83
스물에게 정성주	84
영원이 존재한다면 이현아	86
영원한 불 문지혜	88
하늘별 속 소원 쥬	90

홍연紅緣 유주	92
첫 키스 최경석	93
천체관측 김근호	95
	96

○ 작가명은 작품 첫 장의 쪽 번호 옆에 표기하였습니다.

I

갈매기

미정아 너무 추워 미정아 신촌의 밤은 너무 추워 골목길에 그렇게 많은 여자들이 남자들이 담배를 피우는데 그래서 불꽃만 만 개인데 너무 추워

미정아 신촌에서 갈매기를 본 적 있어 영원을 잡을 수 없다고 우리 빨갛게 칠한 손톱으로 시간을 긁어내 그 살점으로 영원을 매겨보려 했던 빨간 밤에 갈매기를 본 적 있어 어울리지 않는 파란 바다 대신 회색 눈이 내리는 신촌에 회색 담배꽁초가 지하에 흐르는 바다로 살아 있는 신촌에 갈매기가 날았어 미정아 갈매기는 너무 하얘서 신촌에 내리는 눈보다 하얬는데 갈매기가 우리를 꾸짖더니

영원이 어딨어 영원이 사랑이 우리가 세상이 어딨어

미정아 갈매기 끼룩끼룩 다 부서진 목으로 빨갛게 울어 잿빛 지하 바다에 풍덩 빠져 꼴꼴꼴 꽁초 물고기를 잡아먹으면서 갈매기가 울어 미정아 갈매기도 없는 신촌은 너무 추워

우리가 어딨어

그림

널 그린 그림이
세월을 맞아

하나둘씩
벗겨져 나가는 걸 보며

내 마음도 하나둘씩
벗겨져 나가

우리의 사랑을
영원히 간직하기 위해
그렸던 그림이

영원하지 못한
우리의 마음을 안 듯
하나둘 흩어져 간다

생각

영원할 거란 마음이 찢겨진 모양은
낯설지 않았다

그래서 아프지 않은 것인가
생각해 봤지만

그 생각은
영원히 그치지 않을 것 같다

사라지지 않는 것

깊은 곳에 묻어둔 기억이 있다

나는 그것을 단 한 번도 부르지 않았다
들춰보지도, 찾아가지도 않았고
혹여나 새어 나올까 심연 속에 꽁꽁 묶어 놓았다

그렇게 처박힌 이름도 없는 그것이
이따금 스멀스멀 기어 나와 머릿속을 헤집거나
아가리 밖을 향해 눈알을 굴리기도 하는데

영원히 사라지지 않을 그것은
나의 존재가 지속되는 한
낙인처럼 평생을 쫓아다니며 괴롭힐 것이다

그것 앞에 나는 그저 죄인이다
내가 죽더라도 역겨운 그것은
나보다 더 긴 생을 살아갈지도 모른다

나는 가끔 숨이 끊어지기를 바란다

또 가끔은, 소리도 흔적도 없이 사라지기를 바란다
내가 그것이고, 그것이 나이기에

그렇게 오늘도 피칠갑을 한 채 살아간다
죽지 않는 기억 속에서

손바닥만한 파도를 손에 쥐고

너는 나를 실망시키지 못했다

약속한 시간의 반도, 그 반도
채우지 않고 떠나버렸지만
그래서 남은 것은 또 나였지만

홀로 앉아
누구도 탓하지 않고
마음을 멀리 보냈다

떠나간 오늘의 너는
나를 단 한 순간 사랑했겠으나
어떤 날의 너는
나를 영원히 사랑했음을 안다

그 날 우리가 본 건
마르지 않는 바다가 아니라 몸집보다 큰 파도였다
억겁의 시간이 아니라
무한할 것만 같이 커다란 질량이었다

영원히 사랑할 거라고
더 이상 사랑할 수 없다고
다른 사람처럼 하는 말을

홀로 앉아
가만히 듣고
마음을 멀리 보냈다

나는 실망하지 않았다
오늘 너는 내게 줄 것이 없으나
어떤 날 네가 보여준 파도는
정말로 영원히 컸다는 걸 안다

액자-영원의 끝

너도 분명히 봤지
투명하게 고여있었던 시간
내게서 유일하게 빛바래지 않은 것
잠든 밤의 부스러기는 선명한 시간에 꾸역꾸역 매달리고

문득 누군가 내게, 고여있는 것은 다 썩기 마련이라고
시간이 썩어버린다?
온 신경이 마비되고 질식하는 내가 보였어

시간을 가둔 틀을 내동댕이쳤지

쨍

그림자도 없이 깨진 빛
나는 시간이 선명한 숨을 되찾을 줄 알았는데

일말의 숨도 꿈틀거림도 허락되지 않아
어떡하지
산산조각났어

더 이상 어떤 식으로든 존재하지 않을 숨
죽은 시간은 발등으로 벌겋게 쏟아져 내리고,

영원 속의 그대

싸한 겨울바람이
나를 스쳐 지나간다.

유독 겨울을 타던 당신이라
눈이 내리는 날이면 늘 그리워진다.

한 번은 당신이 내게 말하기를,
겨울은 춥지만 참 좋지 않으냐고 했다.

추위 속에선 버티지 못했던 나였기에
그때의 난, 물음을 이해할 수 없었다.

싸한 겨울 공기가
볼 위에 닿는 아릿함이
설렌다고 했던 당신이었다.

그래서일까, 당신의 얼굴은
수채화로 물들인 듯 분홍빛을 띠었다.

하이얀 눈이 내린다.

오늘도 당신의 생각을 머금고는
겨울 속으로 걸어간다.

유난히 바람이 차다.
당신의 계절이 다가왔음을 느낀다.

당신에게 영원은 겨울이었을까,
우리였을까.

영원

보이지 않는
수 많은 것들이
얽혀있다

굳이 풀지 않는다

아니 풀지 못한다

엉켜 있지 않은
올곧은 것을 보았다

이 순간을
맹세한다
변치 않으리라고

탁해져
잘라내야만 했다

아직 끊지 못했다

사실 이미 끊어졌다

영원의 끝을 믿어

영원한 영원은 없어
영원은
인간이나 쓰는 말이야

영원이라는 말을
만든 사람조차
영원이라는 말에
책임지지 않았잖아

그러니까
영원이라고 말하는 사람
믿지 말자고

영원의 끝만 믿어

그래봤자
이 우주가 끝나는 날까지
영원을 믿는 실수만 영원히 이어지겠지만

인생의 영속성

그 속에서 나는 영원했다
후회 없는 꿈을 꾸었고
일출에 일렁이던 금빛 반짝임에
마음껏 스며들었다

걱정의 파도가 휩쓸고서야
나의 세상을 침범하는
무無의 형체를 보았다

눈이 부셔 눈물이 흐른 것인지
설움에 복받쳐 쏟아진 것인지
알 수 없었다

그것은 석양이었음을

나의 영원의 공간도 저물어간다

우발적 영원

칠월,
열대야의 악몽에서
네 눈가에 있는 빛 가닥을
손가락에 걸어두는 게
내가 할 수 있는 전부였다

젖은 모래알을 밟고 싶다
너는 꼭
바다를 보고 싶다는 말을
이상한 소문처럼 얘기하는 버릇이 있는데
그건 가난한 애정에서 비롯된 무력함

나는 꼭
가끔 매미 소리가 파도처럼 들릴 때도 있어
불유쾌한 장난으로 회신을 얹으면
너는 웃기도 아주 조금은 울기도 했다

눅눅한 계절에서 달아나고 싶을 때
우리는 어설픈 낭만만 떠들어댔지만

언약을 두고 할 수 있는 행위는
결국 침묵 따위였다

창문을 두드리는 소음을 두고
밤새 뒤척이는 날
여름을 험담하기도 했지만

영원처럼 떠들다 사라지는 것들 중
우리를 닮지 않은 건 없었다

잔몽

이세상에는나하나가없소
당신의세상에도나하나가없소

당신그저문득이곳을떠돌고있소
당신의시야엔내가없지만이곳엔당신이있소

당신은온통나의세상을떠다니지만
나의손에도통잡히질않도록나직히날고있소

나도당신의세상에퍼지고있지만
그것은나의잔상이아니겠소

나는당신의전설湔雪이아니오
나는그저온세상의상실喪失이요

그다지나의세상에도당신의세상에도
끝내우리는없도록마음을흐리지마시오

조화

내 겉모습 살아생전
양귀비 닮아 천하일색이다
하지만 향이 나질 않아
찾아오지 않는 것 같다

그래서 그 좋다던
수백 향 덕지덕지 뿌려봤지만
이내 사라지고
내 곁엔 아무도 없다

아무리 경국지색
천하일색이라도
무슨 소용이랴
살아 숨 쉬지 않는 것을

푸르른 봄날은 영원하지 않다
저기 핀 꽃 한 송이 언젠가
하늘에 흩날려 사라지기에
살아있는 순간 사랑하려 벌들도 찾아오나 보다

오늘의 영원

꽃바람의 향긋함이 진한 봄을 맡고
파도 소리의 시원한 여름을 지나
바삭거리는 낙엽을 밟으며 가을을 보내고
천천히 쌓여가는 눈,
그 겨울의 한 가운데서
다시, 봄을 기다리는 일이
우리 모두의 영원이었는데
코로나가 영원 같고
내 통장은 0원이더라.

책임전가

영원이라면서요
영원을 믿지 않는 당신이
영원을 믿어보겠다면서요

영원은 닳지도 않는다면서요
닳아라 쓰고 싶어도
영원은 영원이라
닳을 일도 없다면서요

그제는 영원을 끄적인 편지를 찾았습니다
사랑으로 글을 썼나
마음을 한껏 눌러 담아 종이들이 무거운가

전가된 마음들은 아직 무사합니까
영 원 도 아 니 면 서 요

파란

밀려오는 파도의 모양은 느릿한 심장 박동
나는 얼마만큼의 숨을 쉬어야 하나요

바다 한가운데 고단한 몸을 누이고
홀로 고요히 부유하고 있노라면
내 세상 모든 게 파랗게 빛나요

부서지는 태양이
하릴없이 쏟아져 내릴 때

눈부신 빛의 호우 속
찰랑이는 물결은 한낮에 흐르는 유성

찰나는 영원을 닮았고
영원은 마치 순간 같아요

하늘에 뜬 마음들이 구름이라면
파도 위를 떠도는 나의 이름은 무엇인가요

눈을 감아야만 선연해지는 것들은
늘 나를 무력하게 만들고

내가 가진 단어는 모두
일렁이는 파란 속에 녹아버렸어요

시간이 멈춰선 사이로
느릿한 물결만이 다만 끝없이 밀려옵니다

그 속 어느 하나처럼

바닷속 어느 생물은 영생을 산대

네가 속살거리는 말속에서 나는 영원을 찾는다
네가 중얼대는 단어 그대로의 영생과
내가 집어내는 단어 그 속의 영원이
꼭 닮을 것처럼 나는 영원을 찾는다

바닷속 해파리가 영원을 말한대

흐물거리는 사진 속에서 나는 영원을 찾는다
네가 가리키는 손짓 발짓 그대로
내가 기억하는 손짓 발짓 그대로를
꼭 잊지 않을 것처럼 나는 영원을 찾는다

바닷속 우둘투둘한 삼은 재생이 된대

네가 좋아하는 음식을 씹으며
네가 종알대는 말을 곱씹으며
나는 꼭 네가 그대로인 것처럼 영원을 찾는다

내 기억 속의 너는
그 속 어느 하나처럼
항상 영원을 찾는다

우리가 영원할 것처럼
우리가 평생일 것처럼

네가 속살거린 기억 속에서 나는 영원을 찾는다
네가 말했던 단어 그대로의 영원과
내가 삼켰던 단어 그 속의 영원이
꼭 남은 것처럼 나는 영원을 찾는다

우리가 꼭 그 속 어느 하나처럼
영원할 것처럼

나방

날갯짓 오래 보고 있으면 기괴하다
하늘하늘 가녀리지도 못한 몸
공중에서 안간힘
날개는 파르르 거린다

높고 빛나는 것에 툭툭 부딪친다
그 아래 무어가 있는지도 모르고 툭툭거린다

어제 먼저 날아올라
이젠 잠들어버린 동지 위에서
언제까시고 툭툭거린다

네 주제에 가질 수 없는 것을 원했다는 이유로
감히 빛나는 것에 몸을 던진 대가로
비루한 날갯짓에 남은 건 추락일지라도

남은 날 언제까지고 툭툭거린다

단어에게 위로사

부유하는 단어를 위한 등대가 있을까
밤과 새벽 사이에 추락하는 단어들
창을 열어 탄식인지 입김인지 모를 것을 내뿜다
이불로 눈을 가려 잠이 드는데
내뿜은 것이 안개였는지 몽상 속에 가득하다
쓰이지 못한 단어들이 자꾸 말을 걸어도
안개에 가려 목소리가 들리지 않아
눈을 뜨면 흐려졌다가 꿈속에서 다시 선명해진다
밤과 새벽 사이 어느 시간에는 그 말들을 위한 불빛이 있을까
 달, 별, 밤, 꽃, 나무와 같은 것들을 선으로
 삶, 사랑, 사람, 인연과 같은 것들은 점으로
 고스란히 남아있는 단어와 아스라이 부서지는 단어 사이에
 시와 때를 사랑하기 위한 등대지기가 된다면
 아침 이슬에 맺힌 마음들이
 그저 흩어지기 위함은 아닐 텐데

길고도 영원한

둘
각자의 입술을 깨물며
살갗을 긁던 울음
나는 외로움이라는 말을 믿기가 어렵다

울컥거리는 파도 속에서
끈적이는 커피를 마시다 보면
이따금씩 추락하는 비행기를 상상한다

셋
풍덩 빠져서 더욱 높은 곳으로 향하다가
레몬즙이 뿌려진 바늘은 파릇해져
이름이 새겨진 시간에게 말을 건다

차오른 영원
영원하고 싶어
영영 원하고 싶어

차오른 낙원에는

영원에 쏟아져 내리거나
허울뿐만이
주위에는 복숭아가 굴러다니거나
하루에 수백 번씩 씹어먹을 레몬

글썽이는 하늘
그 사이 관통하는 우리들
손을 휘적거리면 만들어지던
커다랗고 다정한 형상
우리의 무구한 허상은
아무도 모르게 달궈진 상태로
눈꼬리 언저리에 길게 새겨져 있다

하나
진실을 두려워하지
허황된 영원만을 추구하다가
진실에 스며들지

눈동자

호수의 눈처럼
동그랗게 뜬 달을
남몰래 오려와서
테두리를 따라
걷고 걸었어
함부로 젖지 않게
조심하면서
하지만 남은 옷도
신도 없는 주제에
몸이 자꾸 기울고
물장구를 치고 싶잖아
찰랑거리고 싶잖아
발끝에 스며드는
처음 겪는 온도
일렁이는 물결에
점점 맨몸이 되고
온몸이 투명해지도록
헤엄쳐 들어가

달 한가운데로
호수 한가운데로
빠져 죽을 걸 알면서
빠져 죽기 위해서

II

별

끝없이 펼쳐진 밤하늘에
작은 점들이 반짝인다

그들 속에 나도 있을까
반짝이는 저 큰 별일까
희미한 저 작은 별일까
보이지 않는 별일까
별이 아닌 걸까

기나긴 시간을 기다린
영원한 시간을 건너온

나의 별이
이제는 왔으면 좋겠다
마음이
반짝이고 싶어서

봄의 소리

봄 향기를 타고 날아든 꽃잎이
내 몸에 살포시 내려앉았다.
한 잎
두 잎
세 잎
어느새 뭉치가 되어 온몸을 뒤덮는다.

행복이 오는 소리일까?
꽃잎은
간질거리기도
찌르기도
아프게도 하였다.

1월 한파가 기승인데 왜 나한테만
봄의 전령이 찾아온 걸까.
마냥 기쁘기만 한 것도 아니었다.
꽃잎은 영원힐 거라며 내 귀에 속삭였다.

이제 그만 나가서 세상을 향해 꽃을 피워봐.

설득도 해보고 달래도 봤다.

3주가 지나자 점점 지루해진 꽃잎은
무당벌레로 변신했다.
한 마리 씩
한 마리 씩
천천히
빛을 향해 날아가기 시작한다.

애착인형 백호

어렸을 때 흰 털을 가진 호랑이 인형을 품에 안고 다녔다. 너를 마치 나인 것처럼 여겼어. 언제든 함께할 거라고, 그렇게 굳게 믿었다. 그건 정말 위험한 일인데 말야.

세상 이치가 그렇듯 너도 사라졌다. 언제인지도 모르게 자연스레 내게서 떠났다. 나는 네가 나인 줄 알았는데, 네가 사라지니 나는 없었다. 주위를 둘러보자 내가 사방에 흩어져 있었다. 산산조각 나 흩뿌려진 나를 다시 주워서 기워야 했다.

시간이 오래 걸리는 일이었다. 네가 떠나고 난 후에도 나는 한참이나 나를 되찾아야 했다.
조각을 하나둘 주워 이어붙인 나는 비슷하지만 같지 않아. 너덜거리는 이음새는 완전하지 않아.

그때 알았다.
같은 것을 되찾을 수는 없다는 것을 아니, 다시라는 것은 불가능하단 것을 영원히 잃어버리고 그 이후엔 돌아오지 않는다는 것을.

그가 유일한 게 아니라는 사실을 깨달은 나이가 되고 백호를 닮은 인형을 찾아다녔다. 비슷하지만 네가 아니었다. 너는 세상에서 유일무이했고 하나뿐이었으며

그래서 나는 너를 영원히 잃어버렸다.

너를 나라고 여기지 말았어야 했는데
무턱대고 너에게 애정을 쏟지 말았어야 했는데
너를 나의 모든 기준으로 두지 않았어야 했는데

나는 이제 너를 다시 찾을 수 없다는 것도 알고
너 말고도 다른 인형이 많다는 것도, 게 중엔 더 좋은 인형도 많다는 걸 아는 나이가 되었는데,
널 닮은 아이를 보면 마음이 황량해지는 이유는 뭘까.

많은 시간이 지났고 많은 걸 배웠는데
그것을 어떻게 다뤄야 하는지는 나는 아직 모르겠다.

어제로부터

 틀림없이, 내가 앉아있다. 어제 입었던 옷을 그대로 입은 채.

 나는 나의 파편을 모으고 다니는 진정한 나일지도 모른다. 오늘부터 나는 영락없는 타인이 되고 저기 앉은 내가 영원의 실마리를 얻게 된다면, 그것은 나에게 잘된 일일까.

 대화를 시도해보자.

 우리가 이야기를 나누면, 우리 중 하나는 영원히 사라질까요?
 혹시 나는 어제 죽었고 이건 주마등입니까?
 당신이 과거에서부터 지금까지 유지되었다면, 나는 과거를 영원히 상실합니까?
 그럼 내가 모르는 것이 나의 희망이고, 나는 당신의 영원한 미래인가요?

 그러자 내가 기쁜 듯 돌아보았다. 나는 안심했다. 안심했었다. 안심할 것이다.

우리 오늘의 마주침을 영원히 잊지 말자, 허공에 던지듯 말했다.

그럼 영원할 순 없으리라. 세상에 단 한 순간도 존재한 적 없던 것처럼.

집 근처 카페에는 나 외엔 누구도 앉지 않는 자리가 있다.

어제의 내가 찾아오기 전까진, 나는 어쩌면 영원하리라.

엷어져 메아리치네

차고 차가운 밤 다가와
찬찬히 서린 맘 바라보니

덧칠된 색깔 아래 하나, 두울,
들추니 빛바랜 사람, 사랑

가여운 기억들이 속삭여
덧없이 새겨진 마음들은

찬연히 오늘도 기억될 거라고
찬란히 내일도 소중할 거라고

사라진다고 믿던 모든 것들은
잊히는 게 아니라 엷어져 있다고

차고 차가운 밤 지새보니
가엾이 엷어져 메아리지네

영덕바다

단 한 번의 여행이라 애석하지만
한 번이기에 이리도 애틋하겠다.
여운이 어찌 긴 지 여전히 헛헛하여
나 영덕 바다에 가시지 않은 마음을 담아두련다.
내 생에 마감되어 영원할 수 없겠으나
그대 생에 그곳을 찾게 되기를
그곳에서 라일락 향을 맡게 되기를
바라보고 다시 바라본다.

영원 안에서

햇빛은 어디 가고
기나긴 찬 구름만 떠다니나
그러다 발을 헛디뎌
나의 몸통만 흘러 다니는구나

바람은 밤이 되었고
지나친 울음에 목이 다 쉬어
울어도 소용없을 가지에 매달려
긴긴 새벽을 접고 또 접었다

이름 없는 새벽이여
알 수 없는 피를 흘리더라도
틀 없는 가시덤불 안에서
따듯했다고 말하노라

참 따듯했다고 말하노라

영원을 믿지 않아도 바라는 것

얕은 숨들이 끊임없이 가라앉는 바다 위에
이미 사라진 이름을 바짝 깎은 손톱으로 그려봅니다.

어느 때의 나이기도 했던 당신과는
이해할 수 없는 음으로 만났지만

사실 나는 그것이
부름이었는지 기도였는지 알지 못합니다.

당신은 당신만의 진실을 품고서
무엇이 그리 바빴는지 인사도 없이 가버렸고

나는 쪼그려 앉아
식어버린 자리만 가만히 쓸어보고

내가 당신이 되는 날, 그때는
내 이름 하나쯤 그대의 떨림 속에 들어가 있기를.

영원 참 어렵다

저 달빛 아래
밤을 함께 걷던 날
변덕스러운 달이 싫다며
맹세를 꺼렸던 너
저 창문 밖에
쏟아지는 빛에 난
매일 그날의 조각을 잡으며
너를 더 짙게 물들여

빛이 닿는 부분이 달라질 뿐
달의 모양은 영원히 둥글 텐데
뭐가 그렇게 두려워서
영원을 맹세하지 않았을까
그 무엇보다 변치 않을 게
밤하늘의 저 달인데
달이 산산이 부서지는 광경에
우리는 분명 남아 있지 않을 텐데

어쩌면 우리는

서로의 영원을 약속하기
두려웠던 거겠지
너도, 나도
변치 않을 자신이
없었던 거겠지

그저
지나간 일에 대한
쓸쓸한 추측일 뿐
아무리 고민을 해봐도
답은 나오지 않아

영원 참 어렵다

영원한 움직임 속 고요

차가운 파란색 모퉁이에 앉았다.
허공 위 요란한 기차 소리가 떠다닌다.
아스팔트 같은 회색빛 강 위에
푸르스름한 나무를 보며 생각한다.

여기 있는 내가
거기 있는 그들에게 갈 수 있는 거리를.

단 하나의 세계를.

모든 것을 이어주는 것에 대한 상상.

허공에 흩날리는 한 가지 색의 계절.
영원한 움직임.
그리고 그 안에 파묻혀진 사랑.
고요
침묵
평화
.
.
.

맑은 유리 조각

살아 숨 쉬었던 것이 내 안에서 말했다.
고요히 잠자코 있다가
다시,
살아 숨 쉬는 숨소리를 띠며.

우리의 이야기

당신과 나의 만남은 서사의 시작
영원을 약속하며
우리의 이야기는 하나의 책이 되어가겠죠

노오란 가로등 불빛 아래
빨갛게 붉어진 당신의 뺨
붉은 꽃잎 같던 당신과의 입맞춤

까만 블랙홀 같이
빛나던 당신의 눈 속에
내가 자리 잡고 있던 모든 나날들
그렇게 영원을 약속하던 모든 나날들

당신과 나의 기억은 책이 되고
갈피를 꽂은 페이지는 추억이 되어
언젠간
책장 한 구석에 조용히 놓이게 되겠죠

초

떨어지는 촛농 앞에 떨리는 손을 모은 채 서 있다.
언젠가는 녹아떨어질 촛농임을 알아도
지금의 이 불빛이 영원하기를 바라며
작은 촛불 앞에 가지런히 손을 모으고 기도했다.
촛농이 촛대를 타고 눈물처럼 흐르고

 까맣게 타버린 심지가 짧아져도

나는 이 작은 불빛이 영원하길 빌었다.
내게는 너무도 큰 불빛이어서,
그 불빛이 영원하길 빌었다.
영원이란 건 없다는 걸 알면서도

 차가운 현실 앞에서 나는 영원을 기도했다.

이진법의 세계

이진법의 세계에서
크게 숨을 쉬었지
0과 1 사이의
0. 000…
숫자는 비강鼻腔을 타고
비겁하게 말로 나왔다

영원永遠과 영원零元
정확히 반
딱 잘라 반
칼로 베어 선득한 삶처럼
나누기 힘든 불행이 저기 있다

불변하는 영혼으로
이제야 세어보는 영靈의 수數
0, 1, 0, 1, 0, 1
불로소득이
영원히 영원인 영혼

가난한 생의 울음이란

0과 1을 넘어서

따분해서 슬픈 구름처럼 유영하고

차가운 화초

무럭무럭 예쁘게 자란
보기 좋은 온실 속 화초

꼿꼿이 서 있는 게 힘들어
아주 잠시 시들어 쉬었다

힘없이 시든 화초를 보곤
수군대는 바깥의 목소리들

그들의 따뜻함은 화초 따위가 아닌
영원한 아름다움을 향한 시선이었다

시선은 곧 차가워졌다
곧 화초는 차가워졌다

온실 속 화초는 차가웠다
온실 속 화초는 영원히 예쁜 얼음덩어리였다

언젠가 자신의 진정한 아름다움을
영원히 비춰줄 누군갈 기다리며

퍼즐

있지,
우린 모두 끝없는 퍼즐을 맞추고 있다고 생각해

영원하길 바라는 것들을 붙잡고
조각조각 끼워 맞추고 있다고

기억도, 욕심도, 사랑도
삶과 죽음의 경계에 서서
조금 더 살아보겠다고 발버둥 치는 것처럼

그러다 혹시
기억이 흐릿해지고 욕심이 사라지고 사랑이 식어버리면
그렇게 맞춰 놓은 것들이 어긋나기 시작해버리면
부서지는 건 한순간일 텐데

우린 겁도 없이 영원을 묶어두려 하잖아

미술관에서

우리의 대화는 박제되었다
언제 마치겠다는 기약 없이
쉼 없이 이어지는
침묵의 커뮤니케이션

오전 열 시
도망치다 붙잡힌 언어는
진공포장되어 객에게 배달된다

1매 2인
사각지대에 갇힌 시지프스들과
함께 오르는 영원의 바벨탑
무위의 열정이 흘린 땀
호흡이 가빠지는
관館 속의 대화

입장하세요
거기 외로운 사람

애인에게

영아, 나는 영원을 믿지 않지만
너의 ㅕ와 ㅟ는 믿고 싶어
값을 내지 말자
너와 나는 0인 거야
나란히 원을 만들어
00 내 안경을 벗겨줘
나는 비혼주의지만
너와 ㅇ을 낳고 싶어
많이

        0 ㅇ ㅇ ㅇ ㅇ ㅇ ㅇ ㅇ …… 0

2021년 1월 26일 염원을 담아 민주가

세계

 도망가볼래? 흩어지는 구름 떼처럼 흔적도 없이 잠시만 여기서 사라져보자 내가 사랑을 말할 때는 이미 없어진 너의 손목을 붙들고 흰 여름 공기를 샅샅이 찾아다닌 순간이다 아무것도 가지지 않고 잠이 들 시간까지 사라지는 거야 내가 좋아하는 것들을 보여줄게 우리가 도착한 세계는 다정함으로 이룩한 포근한 이불의 세계 아무런 질문도 없이 계속해서 마주 보고 있자 갓 샤워를 끝낸 사람의 냄새처럼 꽃향기의 공원 너는 어리둥절한 채 자꾸만 여기가 어딘지를 묻는데, 여기는 아무것도 하지 않는 곳이야 내가 잠시만 열어둔 세계 곧 있으면 사라질 여름밤처럼 건기와 우기가 시시각각 시작되고 홍수와 장마가 범람하는 지역 사라진 손을 잡는다 얼마 지나지 않으면 없어질 손이지만 영원할 것처럼 잡고 있다 우리는 이 순간을 기억한다 흩어지는 냄새와 왼손과 오른손의 촉감 눈 속에 번지는 눈동자 같은 것들을 장미 넝쿨이 우리를 자꾸만 감싸고 움직일 수 없도록 단단히 옭아맨다 너는 맨 손으로 식물의 줄기를 뜯어낸다 장미가 춤을 추며 떨어진다 우리는 계속해서 도망다니고 여러 번의 비를 맞았고 돌아갈 시간이 되었다 다시 만날 수는 없겠지만 손바닥에 남긴 상처는 영원히 아물지 않길 바랐다 세계가 천둥 번개를 몰고 온다 있잖아, 영원한 세계는 없는 걸까 나는 아무런 대답을 하지 않았다 대신에 사랑한다는 말을 해주었다 있잖아, 너를 사랑해

기록

눈에 들어오는 장면
하나 하나가 모두 소중해
가던 길을 멈춰 사진을 찍는다.

소중한 너와 함께 하는 걸음
하나하나가 소중해
얼른 카메라를 꺼내 걷는 너를 찍는다.

우연히 눈에 들어온 카페에 들어가
너와 나누는 대화가 소중해
귀를 활짝 열어 본다.

시간이 지나고 나면
희미해져 버리는 게 아쉬워
집으로 돌아와 일기장에
마저 기억을 끄적인다.

너와 함께 하는 순간순간이
모두 영원할 수는 없지만
영원히 간직하고는 싶으니까.

달

에버랜드에 다녀오는 밤에 그녀는 창문만 보았다.
어린 아들은 빨던 음료수병을 내팽겨치고 잠이 들었다.
과자 부스러기같이 작은 놈이 땀에 젖어서 잔다.
아내는 새끼의 땀을 닦으러 팔을 뻗는다.
약지에 반지가 내 눈가를 훑고 간다.

있잖아, 토요일에, 사진관에 들렀다가 장모님 댁에 갈까?
내 여보는 말이 없고, 새끼는 어미 손길에 깼다.

아빠 저기 달이 자동차를 따라와.
달은 얼마나 따라올까. 우리 집까지도 갈까?
아빠 내가 안 보고 있다가 다시 볼게, 따라왔나 보자.

응 그럼, 달은 항상 같이 있지.
해가 밝아서 안 보인다 뿐이지,
낮에도 우리 아들 뒤를 따라다니지.

아직 아무 말도 않는 내 신부의 왼손을 잡고
자동차는 엑셀 없이도 달릴 것만 같고
우리 집이 영영 달아났으면 좋겠다.

어머니의 얼굴

단 한 번도 찬찬히 오래 들여다보지 않았었다

시간이 없다, 피곤하다는 핑계들로
수많은 시간들을 흘려보냈었다

수많은 시간들 사이에 단 한 번이라도
자는 모습, 웃는 모습, 여러 모습들을 봤었더라면
남은 시간이 이토록 짧게 느껴지지만은 않았을 텐데

다치진 않을까 나쁜 꿈이라도 꾸진 않을까
우는 모습에 더 마음 아파하고 웃는 모습에 더 행복해하고
우리가 무심히 흘려보낸 수많은 시간들을 한 번도 놓치지 않으려 했었을 텐데

지금 남은 시간만이라도
찬찬히 오래도록 들여다본다, 영원히 기억에 남도록

어느 꽃

호젓하게
묵혀두었던 그리움
피어나네요

눈꽃으로 여기저기
장식하네요

우연 같지만
우연이 아닌 것들에 대해
쓰고 싶은 하루

어떤 날개를 달고
내게 오실 건가요
당신

돌고, 돌고, 돌아

선뜻
어떤 꽃으로, 올곧게 피울까요

나는

같은 궤도에 닿을 때까지
다시 태어날게요
새로 살아날게요

걱정, 말아요

이번 생은 너무 짧아
다음 삶을 기약해도

이제 눈꽃 지고
목련도 진다고

울지는 않을 거죠
그럴 거죠

당신

우연일 것 같지만
예정된 다음 만남을
사랑스레 읊조리고 싶은

이 하루

또 붉게 피네요

돌고, 돌고, 돌아
우리 앞에 이렇게나 선홍빛 붉게
노을처럼 미소 번지네요

가뭇없이 만남을 손꼽는
꽃 피우려, 피워 보려

영원에서 0원으로

　영원은 헤아릴 수 없으니까 0원이야. 너는 말했지. 살 수도 팔 수도 없는 것에 사람들은 너무 많은 믿음을 내어 준다고. 영원은 0원. 0원은 세상에 존재하지 않는 동그라미. 그러니까 다시 영원은 네모도 세모도 아닌 동그라미. 동그라미는 누구도 다치게 할 수 없는데 어째서 영원이라는 열하나의 획은 그렇게도 많은 가슴을 푸른 멍으로 물들이는 걸까. 답을 알 수 없는 나는 너를 영원히 사랑해.

역시나 너를 사랑해

전쟁 중에 잉태된 고어 안에서 마지막 구절은 역시나 너를 사랑해
헤어지자는 말은 사랑하지 않는다는 말이 아니야
입안에서 굴려지는 이응 발음이 하루를 좀먹는다 느꼈을 때
나는 멈췄어야 했다

이해니 취향이니 서로를 잘 안다는 핑계로 감내해서는 안 되는 것들이 있었지
지옥으로의 회귀
사실 그것도 천국에서 주어지는 막연한 보상 심리일 뿐이었는데

늘 사랑에 빠진 사람이 감정 속에 일렁이는 것처럼
애절과 원망이라는 소용돌이가
사랑을 덧칠한 항해의 필수 요소라 다그치며 돛을 빠르게 올렸지

일련의 공식처럼 항해자와 도박 중독자의 패망 원인은 끝을 모르는 수직선 위에서 종말을 어림잡는 것

76년 주기의 핼리 행성의 관찰로 모든 우주의 원리를 파악한 절대적 진리자처럼 구는 것

나는 두려웠어 같은 이유로 우리가 서로에게 실망할까 봐
너는 역시 그런 사람이야 성급하게 결단 내릴까 봐

네 혀에는 내가 해독할 수 없는 독기가 흘러
내 피가 다 빨리는 고통 속에서도 네 안위를 물어

사랑이 이토록 순종적이면 그 많던 혁명은 도대체 왜 일어난 거야?

더 이상 맹세하지 마
평행우주 속 여전히 사랑하는 우리에게 그 역할을 던지고
지구에서 행적을 감추는 건
너와 나의 사랑법
우리는 이걸 진정으로 원한 걸지도 몰라

뉴턴 앞에 떨어진 사과처럼
모든 건 운명이자 필연이라고
중력이 1/6인 달에서도 변함없이
그래 나는

역시나 너를 사랑해

영원의 초대

영원을 꿈꾸도록 해준다면
얼마나 감사할까요.
얼마나 놀랍고 신비할까요.

길고 길었던 굽이진 길이 끝나고
모든 고통이 단번에 씻어지는 순간을
영원히 누릴 수 있게 된다면
얼마나 기쁘고 희망적일까요.

내가 나로서 온전해질 수 있고
아름답고 눈부신 순간이 멈추지 않는
그 영원 속으로 초대해준다면 얼마나 고마울까요.

이유를 알 수 없었던 기나긴 시간을 더 이상 품지 않아도 되며
그 누가 멈추지도, 빼앗지도 못하는 세상.

오롯이 차오르는 기쁨만을 마주할 수 있는
영원이라는 단어를 생생히 믿으며 바라봅니다.
반가운 소식을 기다려봅니다.

이터널 산타걸

잘 잤나요 오늘은 크리스마스잖아요
곱게 포개고 접어 그대에게 건네요
포장 않은 민둥 마음 온전히 담았어요
서랍에 자물쇠도 꼭꼭 잠궈서 넣어놔요

내가 옆에 있지 않은 밤이면
서랍에서 어제와 그제를 꺼내 읽어요
외고 외다 지겨워져 졸리울 때까지
내 글자들이 분신이 되어 곁에 있을 테니

잘 자요 내일은 크리스마스잖아요
밤 마다 그 손이 서랍 향해 뻗을 때
내 손은 내일의 선물을 준비해요
두 손이 맞닿을 그 날을 기다리는
우리의 나날은 나날이 크리스마스니까

스물에게

그날 우리는 처음으로 우리의 이야기를 했다. 서로를 알고 난 이후 많은 말들을 주고받았지만, 서로가 서로의 이야기로 남게 된 순간은 그때가 처음이었다. 한 달째 계속되는 폭우에도 유일하게 그날은 하늘을 볼 수 있었다. 내가 애정해온 음악을 네가 웃으며 경청해 준 게 좋았다. 왜 지금껏 너와 음악과 영화에 대한 대화를 자주 하지 않았을까. 너를 생각하며 후회하는 게 있다면 같이 영화를 보지 못한 게 전부다. 네가 내 우울함을 걱정한 순간에 모든 우울함은 녹아내렸다. 어쩌면 너는 만년설 같은 아픔도 모두 녹여낼 수 있는 사람일지도 모른다는 생각이 자꾸 들었다. 나는 별거 아닌 존재이고 별거 없는 사람인데도, 네 오랜 기도의 응답이라는 게 좋았다. 그날 밤에 한동안 너와 내가 전화 끊기를 미루고 또 미뤘던 게 좋았다. 누군가가 천사로 보인다는 건, 천사의 눈동자를 지녔기 때문임을 네가 알았으면 좋겠다고 생각했다. 무엇보다도 그날 우리가 서로의 스무 살을 뒤늦게나마 포옹한 것이 좋았다. 찰나였지만 영원 같던, 심장의 마주 봄이었다.

잘 지내고, 아프지 말고, 네 눈동자처럼 언제나 예쁘고 맑게 지내기를 바라. 언젠가 시간이 흘러 우리가 스무 살의 낯섦과 우정, 혹은 그 이상의 감정으로 다시 보는 날에, 많은 이야기를 마음에 품은 채로 꼭 다시 만나.

영원이 존재한다면

영원한 삶을 누릴 수 없는 우리는
영원히 건강하길 바라고
영원히 행복하길 바라고
영원히 사랑하길 바라지만

영원한 삶을 누릴 수 없는 우리는
영원이라는 게
영원하다는 게
사실 존재하기 어렵다는 걸 알지만

영원한 삶을 누릴 수 없는 우리에게
영원이란

내 삶이 다하는 순간까지
누군가의 영원한 건강을 빌고
누군가의 영원한 행복을 빌고
누군가의 영원한 사랑을 비는 것

나와 내 소중한 가족과
친구와 연인과 아이까지

모두가 이 삶의 끝까지만이라도
잘 살아가길 바라는 것

우리에게 영원이란 그런 것이지만
만약
정말 이 세상에
영원이라는 게 존재한다면

영원의 영원까지 나는 내 소중한 사람들의
영원한 건강과
영원한 행복과
영원한 사랑을 바라겠습니다

영원한 불

불이 사그라져 간다

어둠 속에 시나브로 스며든다
손을 뻗어 빛바랜 사진을 뿌리면
나풀나풀 가라앉다 빛을 머금는다

야금야금 먹혀가며 불을 일으키고
눈앞을 뒤덮는 재가 되어버린 당신은
끝끝내 나를 삼킬 그림자를 자처한다

파도에 씻겨 사라져버릴 글씨처럼
오늘을 떠나버린 어제의 구름처럼
당신도 그저 지나갈 바람이라면 좋을 텐데
시간이 흐를수록 또렷해진다

눈을 감고 잠들려는 나를 일깨워
몇 번이고 속삭이며 지그시 바라본다

손을 뻗어 타다남은 사진을 잡으면
그을린 종이 사이로 당신이 웃는다

당신은 이리도 찬란히 빛나는데
나는 아직도 그림자 속에 파묻혀 있다

시간이 흐를수록 선명해진다
불이 영원히 타오른다

하늘별 속 소원

별 그린 아이와 나
가슴 위 볼록
하늘빛이 나

소원 담아 차오른
하얀 별 가루 속
연한 벚나무 아래
콩콩 내려와

총총 딸기 향나무 아래
두 손의 온기
벚꽃 속 딸랑 춤춰

손 맞출 때
같이 별 그려, 우리의 소원
반짝 숨 쉬고 있어, 영원처럼
살짝 간직하고 싶어, 소중히

찰칵 소리에

벚꽃 입가에 토옥 품어
딸칵 봄의 달이 와, 3월이야!

홍연紅緣

너와 있으면
설익은 애정으로 휘갈긴 활자마저 성서聖書였다

애틋한 것들에는 수명이 없어서
서로를 여름과 겨울로 부르던 모든 순간이
청춘의 피사체가 되었다가
시절로 남았다

우리 손끝에 매달린 실이
얼마나 붉기에
이토록 애틋하게 생애를 나누고 있는가
동여맨 자리를 찾듯
손금을 문질러도 보았던 아홉수

너는 불변을 믿니
영원을 모사摹寫하는 우리의 문장을
등 뒤에 받쳐두고 잠을 청하는 밤
수면 위로 떠오르는 것은 기필코 사랑일 것

첫 키스

하늘에는 보랏빛과 남색의 선율이
제멋대로 어우러지고 있었어요
제멋대로요

모스크바 교외의 가로등 같은 달은
남루한 하늘의 절반을 차지하고 있었고
나머지 반은 소명조차 필요 없는
상념 같은 행성이었지요
모래알처럼 촘촘한 별이었고요
별처럼 밝은 모래 벤치 위
나 혼자 올려다보았지요
일곱 살 무렵 꾸었다 잊은
낙후된 꿈의 빈민촌 같았지요
별들은 쉼 없이 밀려오고
우주의 중력은 뒤엉켜 버렸어요
이내 소멸이겠지요
나는 도망칠 겨를도 없이
도망치겠다는 마음도 없이

영영 죽고 싶었지요
아름다웠어요
안온하겠지요

저기 먼 모스크바 행성 너머
우주 끝부터 드라이브를 하고 있는
당신과 함께

천체관측

너는 영원이라
모르겠지

초침이 밤을 적으면
여지없게 넘어가는 낱장들을
결말을 기다리며 떠는 책들을

내 마지막 장에
네 제목이 있었으면 해

너는 영원이라
모르겠지

은하의 책꽂이 한 켠
서로 비스듬히 괴어 빛 내는
두 권의 작은 책

파도시집선 003

영원

초판 1쇄 발행 2021년 3월 8일
　　7쇄 발행 2025년 5월 26일

지 은 이 　| 김수빈 외 53명
펴 낸 곳 　| 파도
편　　집 　| 길보배
등록번호 　| 제 2020-000013호
주　　소 　| 서울시 서대문구 증가로 17길 38
전자우편 　| seeyoursea@naver.com
I S B N 　| 979-11-970321-2-7 (03810)

값 10,000원

ⓒ 파도, 2021. Printed in seoul, korea.

* 이 책의 판권은 지은이와 파도에게 있습니다. 양측의 서면 동의 없는 무단 전재 및 복제를 금합니다.
* 맞춤법과 띄어쓰기는 원본에서 기인하였습니다.
* 파도시집선 참여 작가들의 인세는 매년 기부됩니다.